開花期

[열: 개　　　꽃: 화　　　기약할: 기]

개화기

송다정 시집

내가 선 땅이 녹는다

너로 인해 흘리는 기쁨의 눈물로

차례

- 3부. 가을 -

시인의 말

겨울 동안 웅크리고 있었던 시간들은 박수받아야 마땅합니다.

비록 아무것도 이루지 못하고 버텨 온 시간일 뿐이라도요.

그 시간 동안 쌓아온 속상함이 없었더라면 진정 봄이 왔을 때

이렇게 우렁차게 울 수 없었을 것입니다.

모든 것에는 때가 있다고들 합니다.

지금보다 젊었을 때는 그 때라는 것을 기다리는 것이 참 힘들었습니다.

모든 것이 잘 되길 바랐고, 좋은 일이 생기길 바랐고,

그것이 항상 지금이길 바랐습니다.

이게 욕심이라는 걸 알면서도 합당한 노력을 지불하면

비난은 받지 않으리라 생각했습니다.

결국 가장 힘든 시기에 나를 가장 많이 비난했던 건

나 자신이었음에도요.

저는 아직도 젊고 어리석어서

먼 곳을 바라보는 것이 쉽지만은 않습니다.

하지만 단 한 번이라도 마음속에서 영원히 지지 않을 꽃을 활짝

피워낸 경험을 하고 나면 우리는 기억할 것입니다.

삶은 내 뜻대로 흘러가지 않지만

언제나 내 뜻보다 더 좋은 결과로 흘러간다는 것을요.

사랑을 혼자 이룰 순 없지만

바로 그렇기 때문에 사랑이 멋진 거라는 사실을요.

아직도 살아 있다는 것은 대단한 일이 될 수 있습니다.

봄이 온다는 말이 이제는 더이상 거짓말이 아니라는 걸

알기 때문이죠.

나는 당신이 새싹처럼 연약했으면 좋겠습니다.

상처받는 법밖에 몰라서 항상 아프면서도 그럼에도

사랑밖에 할 수 없었으면 좋겠습니다.

끝이 없는 듯한 겨울 한복판에서도 봄이 올 거라는 것을 믿는

소중한 마음이었으면 좋겠습니다.

2023 봄

송 다정

- 1부. 봄 -

장래희망은 즐거운 사람

즐거운 사람이 되고 싶어

통장의 잔고로

얼마를 더 살 수 있는지 세어보기 보다

내가 오늘 살 수 있는 건

이 하루뿐이라는 걸

매일매일 명확히 세아리는 사람

어떤 일을 하든

하지 않든

어떤 일을 겪든

겪지 않든

직업으로 자신을 표현하기 이전에

오늘을 충분히 행복하게 살아내려는

즐거운 태도이고 싶어

결국 너에게로 향하기 위해

결국 너에게로 향하기 위해

나는 그렇게도 수많은 충돌로

궤도 이탈을 했어야 했나 보다

망망대해 우주에서도

운명으로 향하는 길은

보이지 않는 그물처럼 짜여있어

별부리에 걸려 넘어져도

나는 결국 너에게로

바닥도 없는 우주에서 넘어져도

빙글빙글 돌아

내가 가려고 했던 곳 보다 더 멋진

너에게로 향하는 나는

우주에 나쁜 일이란 없다고

말하고 싶은 밤이다

그대가 없는 세상

그대가 있기 전에는

그대가 없는 세상이 뭔지 몰랐다

빛을 보기 전에는

어둠이 무엇인 줄 몰랐듯이

아- 까마득하구나

내가 걸어왔던 세상은

나는 그대를 잃고 싶지 않은

이 두려움마저 사랑해야지

흔들리자

바람이 불면 흔들리는

한 떨기 꽃이 나라면

온 힘을 다해 흔들리자

그것이

나 아닌

강한 것이 되려고 애쓰는 것보다 낫다

태풍이 오면 부서지는

한 떨기 꽃이 나라면

아름답게 부서지자

그것이

나 아닌

다른 것으로

살아는 보려고 애쓰는 것보다 낫다

어떤 모양으로

부서지는지 보자

내가 아닌 다른 존재가 되는 건

다음 생에 해도 늦지 않으니

어

부서지는지 보자

내가아는 다른 폭자가 되는것

닮음성이) 해도 늦지 않으니

대문을 넘어서면

대문을 넘어서면

대문 밖이 아니라

세상이 펼쳐진다

한 평생 째려보았던

문턱 뒤에

가늠도 못 할 넓은 세상이 있다는 것을

몰랐기에

대문은 그렇게도

높아 보였던 것이다

한 발만 용기 내면

나는 자유다

젊은이

급하다 급해

어디 불이라도 난 것처럼

수확할 때도 아닌데

열매를 찾고 있다

씨 뿌린 자리에

욕심 가득 슬픔 가득

눈물을 뿌린다

제풀에 지치고 제발에 넘어지면

얼굴에 묻은 흙을 털고

그제야 땅을 본다

눈물 먹고 깨어난 씨앗을

긴 봄 기다려온

새싹을

뒤로 걷는 사람

과거만 보는 사람은

뒤로 걷는 사람과 같다

현재만 보는 사람은

발끝만 보고 걷는 사람과 같다

고개를 들자

우리

가고 싶은 곳을 향해

두 발은 언제나

지금 여기만을 밟아야 할지라도

미래를 바라보지 않는 사람은

앞을 보지 않고 걷는 사람과 같다

바닥

넘어졌을 때에는

바닥을 짚고 일어나야 해

하늘에서 내려온

동아줄을 잡는 것보다

더욱 단단하게 일어날 수 있어

내가 나의 바닥을

어루만진다면

잠시 머물러

다시 힘 차릴 이곳을

사랑하지 못한다면

나는 언제나 넘어지는 것을

두려워할 거야

누군가는 말해 줘야 할 텐데

꿈은 크게 꿀 수록

깨어진 조각도 크다고 했는데

그 파편이 이렇게 날카로워

베일 수 있을 줄은 몰랐지

꿈을 이루지 못한 사람에 대한 이야기는

쉬쉬해서 어디에서도 찾아보기 힘들어

그래도 괜찮다는 걸

누군가는 말해 줘야 할 텐데

꿈을 가지는 것만큼

포기하는 일도 자연스러운 거라고

그래야 나처럼

깨어진 그 욕망에

베이지 않을 텐데
다치지 않을 텐데

꿈을 가지는 것 만큼
포기하는 일도
자연스러운 거라고

가끔은 휴대폰을 들고 휴대폰을 찾아

굳게 잠겨있는

자물쇠를 보고 울었는데

열쇠를 쥐고 있는 건 나였어

가끔은 휴대폰을 들고

휴대폰을 찾아

리모컨을 들고

리모컨을 찾고

차 키를 들고

차 키를 찾지

우리는 할 수 있다는 걸 잊어

이미 가지고 있다는 걸 잊어

내가 찾고 있던 해답은

바로 나고

나를 구원하러 온 구원자는

사실 나라는 사실을

종종 잊어버리곤 해

어둠이라는 조명

언젠가는 알게 될까

나를 감쌌던 어둠이

나를 더욱 빛내기 위한

조명이었단 걸

너의 손을 잡고 일어난다

너의 손을 잡고 일어난다

너마저 떠날까 봐 두려움에도

나는 너를 사랑하지만

너를 사랑하는 나도 사랑하니까

너의 손을 잡아본다

네가 없었다면

겨우 일어났을 흙바닥을

툭툭 털고 금방 일어난다

네가 아니었다면

열두 번도 더 울어야 했던 밤을

열두 방울의 눈물로 대신한다

사랑이란 무서운 게 아니다

언제 떠날지 모르는 사람이 아닌

힘든 날 나와 함께 있어줬던 사람으로

나는 너를 충분히 기억할 것이라고

너의 손을 잡고 일어난다

재채기

간질간질해서

네 생각은

안 하기로 한다

사랑한다는 말이

참을 수 없이

튀어나올까 봐

코를 비비며 나는

아무렇지 않은 척한다

네 생각은

시작도

안 하기로 생각한다

그래서 더

나는 언젠가

네가 날 떠날 수도 있다고 생각해

그래서 더 잘해줘야지

날 잊지 못하도록

그래서 더 잘 해줘야지

아무 후회도 남지 않도록

나는 그래서 더 잘해줘야지

애초에 그럴 일이 생기지도 않도록

- 2부. 여름 -

메로나처럼

아무것도 아니라는 듯이

내 전부를 준다

집에 오다가 사 온 메로나처럼

나는 내 마음이 거절당할까 봐

전 재산을 털어서 산 아이스크림을

무심한 척 너에게 건넨다

마치 별일 아니라는 듯이

미연에 상처를 방지하지 위해

비극의 향수를 뿌린다

최악을 각오하면

항상 덜 불안하다

그렇게라도 나는

다치기 싫어서

내 마음을 검은 비닐봉지에 담으면서도

너에게 모든 것은 주고 싶다

아무것도 아니라는 듯이
내 전부를 준다
집에 오다가 사 온
메로나처럼

·

마치 별일
아니라는 듯이

최악을
각오하면
항상 덜
불안하다

열심히 한 사랑

열심히 사랑했다

그러지 않으면

잃어버릴 거라는 걸

알았기 때문에

이게 노력이라는 것도 모르고

노력하게 된다

잘못된 길을 들어서면

열심히 사랑했기 때문에

배울 수 있었던 한 가지는

열심히 사랑해도

안 될 사랑은 안 된다는 게 아니라

안 될 사랑은

열심히 하게 된다는 것이었다

나도 모르게

나도 모르게

힘이 들어간다

어려울 걸 아니까

헌신짝

사람이 헌신짝이 되는 이유는
어쩌면 헌신했기 때문인지도 모른다

너에게는 모든 걸 주면서
나는 왜 나를
버림밖에 받지 못하게 만들었을까

나의 전부를 주었던 순간들이 있었다
너도 나에게 너의 전부를 줄 줄 알고
전부는 아니더라도
일부는 줄 줄 알았지

모든 게 헛된 헌신으로 느껴지는 걸 보면
무조건적인 사랑이 아니었나 봐
나부터도

얼룩

진흙물이 튀면

옷은 빨래라도 하지

마음에 진 얼룩은

어떻게 닦아내는 거지

배탈

50

아이스크림은 죄가 없다

많이 먹은 내가 잘못이지

너도 죄가 없다

욕심부린 내가 잘못이지

네가 나에게 준 최고의 선물은

네가

나에게 준

최고의 선물은

이별이었어

그걸 몰라서

아팠어

네가

나에게 줄 수 있는

최고의 선물은

헤어짐이었어

그걸 몰라서

난 아팠던 거야

너는 나에게

처음부터 끝까지

좋은 것들만 줬구나

가능성은 투명하게 생겼다

54

가능성은 투명하게 생겼다

가능성은 투명하게 생겼다

우리는 보이지 않는 걸

믿는 게 아니라

우리가 믿는 게

단지 지금만

보이지 않을 뿐이다

하루는 간다

나는 한평생

어딘가를 가야만 하는 줄 알았어

어딘가로 가고만 있는 줄 알았어

하지만 움직이는 건 내가 아니더라

나는 언제나

지금 여기에 있는데

시간이 가고 있어

공간이 흐르고 있어

지금은 존재하지도 않는 미래에

나는 먼저 갈 수도

이미 사라져 버린 과거에

나는 되돌아갈 수도 없어

나는 언제나

지금 여기에 있을 뿐

우린 가지 않아도 가고 있어

살지 않아도 살아지고 있어

완벽한 하루를 살지 않아도

하루는 간다

하루는 간다 2

잘 살던 못 살던

하루는 간다

우리는 모두 밤이 깊으면

결국 잠을 잘 것이다

백 년을 살든 천년을 살든

시간은 간다

우리는 모두 갈 때가 되면

영영 깨지 않을 잠을 잘 것이다

이별이 슬프지 않을 방도가 있을까

아무리 후회 없이 살려고 한들

우린 이미 졌어

우리가 시작도 하지 않은 게임에서

나는 보잘것없이 작은 내 수명을

턱없이 부족한 먼지 같은 시간을

온전히 널 사랑하는데 쏟고 싶다

우주만 한 도화지에

물감 한 방울 묻히는 꼴이겠지만

그렇기에 더 작고 소중해

일생에 단 한 번

일생에 단 한 번뿐이라며

결혼식을 준비한다

일생에 단 한 번뿐인 건

오늘도 마찬가지인데

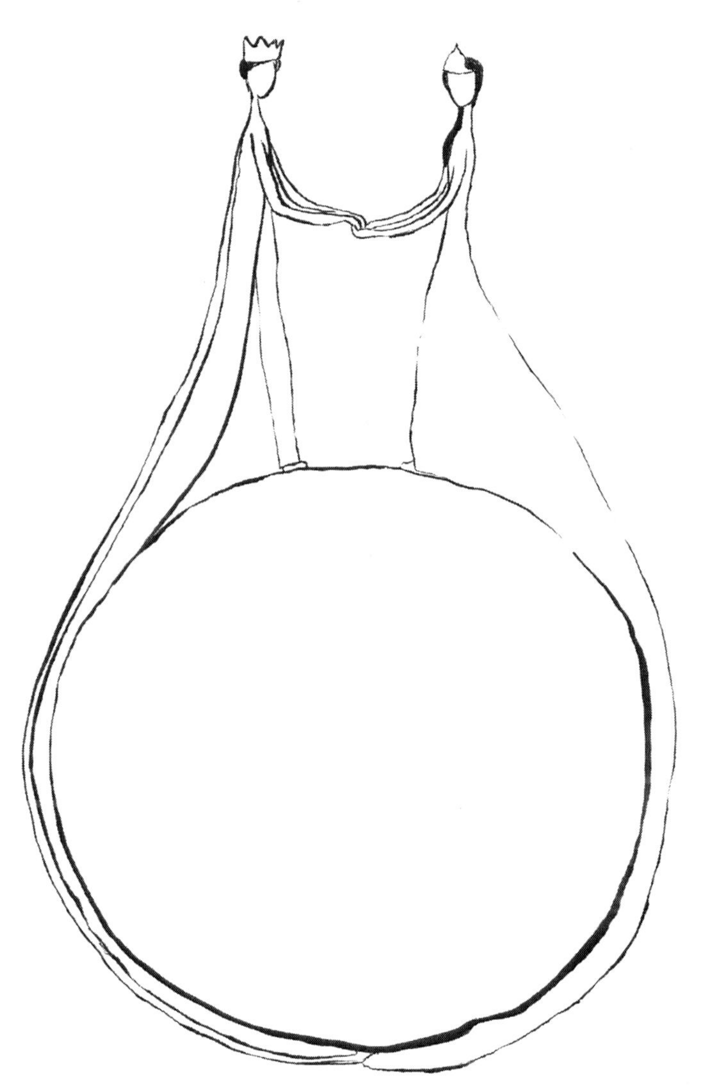

초상화

덧칠한 유화그림처럼

너에 의해

완성되어가는 나

인생은 종잇장처럼

찢어지기 쉬운

얇은 수채화가 아니었다

시간이 겹겹이 쌓이듯이

함박눈이 차례로 소복이 쌓이듯이

나는 망친 줄만 알았던

내 얼굴 위에

너라는 새 물감에 의해

미소가 그려지고 있는 것을 보았다

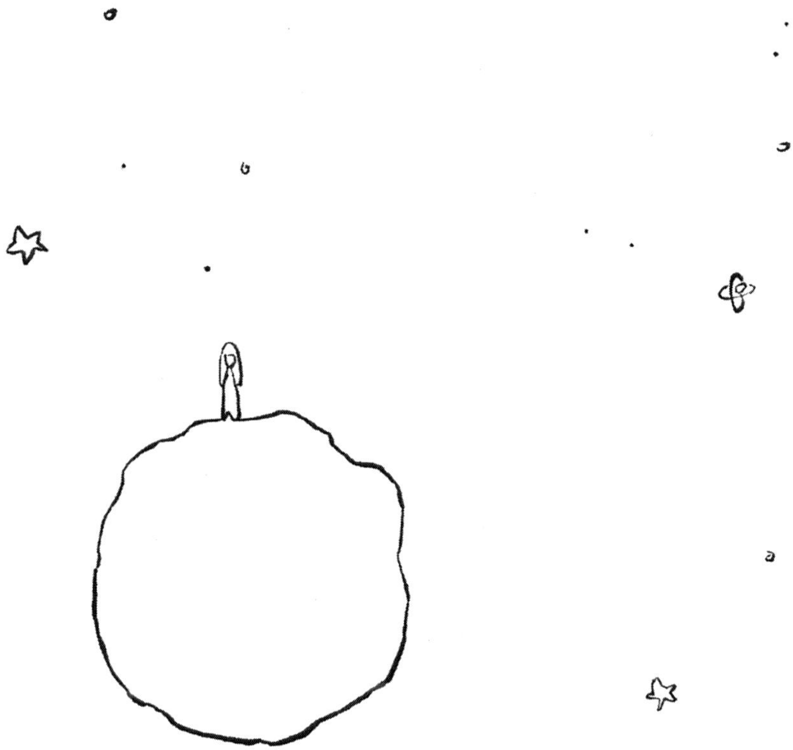

개화기

버텨왔다는 것이

거름이 되어

피어난다

뒤통수를 맞은 것처럼

겨울이었을 땐

모든 게 내 탓인 것 만 같았다

나는 몰랐다

나라는 꽃은

스스로 피는 게 아니라는 것을

나는 그동안 태양도 없이

피려고 애쓰던 꽃과 같았는데

헛소문 같던 봄은

결국은 오고

내가 선 땅이 녹는다

너로 인해 흘리는 기쁨의 눈물로

나는 몰랐다

나라는 꽃은

혼자 피는 꽃이 아니라는 것을

내가 기다리고 있던 것은

나의 때가 아니라

너였음을

나는 몰랐다

나라는 꽃은

스스로 피는 게 아니라는 것을

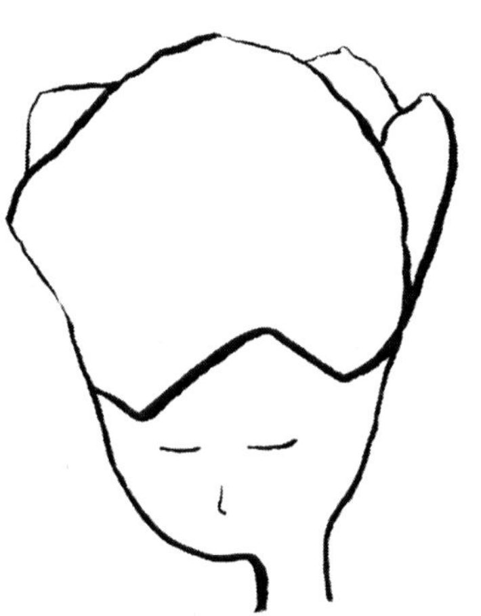

망설임도 선택이었다

망설임도 선택이었다

내가 선택하지 않았던

그 모든 순간들조차

다 선택이었다

다정하다는 것은

다정하다는 것은
어쩌면 연약한 것

하지만 연약한 것과 나약한 것은 달라

밟히는 일은 있어도
아무도 해치지 않으려는 마음은
봄의 새싹처럼 고귀하니까

수없이 상처받았더라도
다시 한번 사랑하려는
바보 같은 나처럼

다정하다는 것은
어쩌면 강한 것

- 3부. 가을 -

고통의 쓸모

73

우리는 아픔 없이도 성장했을지도 몰라

우리는 슬픔 없이도 강해졌을지도 몰라

그렇지만 나를 지금 제일 아프게 만드는 건

바로 이런 생각들 일 거야

이 길 끝에

이 길 끝에

네가 있다는 걸 알았다면

나는 오는 길에

한 번도 울지 않았을 거야

At the end of this road

At the end of this road

If I knew you were here,

On my way here,

I wouldn't have cried once

인생을 바쳐서 만든 모래성

널 위해서라면

나는 단번에 무너뜨릴 수 있어

내 인생을 바쳐서 만든

모래성

널 위해서

만들었듯이

널 위해서

버릴 수 있어

아무것도 중요하지 않아

아무것도 소중하지 않아

오직 너 외엔

그 어떤 것도

나에겐 한낱 모래성일 뿐이야

너와 나의 즐거움을 위한

바닷가의 모래성

파라다이스

고통이 없는 세계

행복만 있는 세계

그래서

진정한 죽음인 세계가

성스러운 얼굴을 하고

두 팔 벌려 환영하고 있다

끊임없이

신기루를 쫓는 걸음을 걷는다

그것이 신기루인 것을 알 때까지

꾸밈없는 파라다이스

천국의 민낯은

우리가 쫓겨난 적도 없는

바로 여기

이곳이다

희망은 착해서

기쁠 때나 슬플 때나

불안은 불쑥 찾아와

친구보다 더 자주

미래는 아무도 알 수 없다는 사실이

내 마음에 무단 침입할 수 있는

만능열쇠니까

근데 그거 아니?

미래는 아무도 알 수 없다는 사실로

내 마음에 들어올 수 있는

또 다른 친구는

희망이란 걸

희망은 착해서

열쇠가 있어도 노크를 하곤 해

그러니 항상

작은 소리에 귀 기울여

같은 열쇠로

내 마음을 열고 들어와도

누구를 더 환영할지는

내가 선택해

내 마음에 무단침입 할 수 있는
만능열쇠 ●

미래는 아무도 알 수 없었다는 사실

미로 찾기

미로를 가장 쉽게 푸는 방법처럼

도착점에서부터 여기까지

거꾸로 길을 그려보자

중요한 건 어디로 가야 할지가 아니라

그곳이 여기로 오는 것이다

이미 길이 있음을

우리는 연결되어 있음을

만날 수 있음을 아는 것이다

어쩌면 나는 전혀 할 일이 없을지도 모른다

출발점이라고 쓰여있지만

사실 나는 도착점인지도 모른다

어디로 가야 할지 모르는 게 정답인 미로를

가장 쉽게 아무것도 하지 않고 풀어본다

내가 너를 찾기보다

네가 나를 찾아오길

가끔은

기다려본다

그려본다

내가 너를 찾기보다

보물찾기

고통에서 행복 찾기

보물이라는 게 그렇잖아

숨겨져 있는 거

그렇다고

고통 찾기를 하라는 게 아니라

고통에서 행복 찾기를

해 보라는 거지

진정한 보물은

쇼윈도에 전시해 놓지 않아

팔 생각이 없기 때문이지

간절히 빌어도

간절히 빌어도

섬뜩하게 무심한 부처님 상은

눈 하나 깜짝 않는 부처님 상은

돌로 된 상이라서가 아니라

진짜 부처님이라서 그럴지도

열심히 기도해도

잔인하게 조용한 예수님 상은

언제나 십자가 위에 힘없는 예수님 상은

나무로 된 상이라서가 아니라

진짜 예수님이라서 그럴지도

각성

내가 신발을 신었다 해서

한순간이라도

내가

신발이었던 적이 있는가

내가 신발일 수 없듯이

나는 이 몸일 수 없다

비록 내가 새 신발에 정신 팔려

신발이 좋으면 내가 좋고

신발이 다치면 내가 다친 듯

착각할 수는 있지만

나는 그 순간에도 신발이 될 수는 없다

나는 내가 누군지는 몰라도

그것이 아니라는 것은 안다

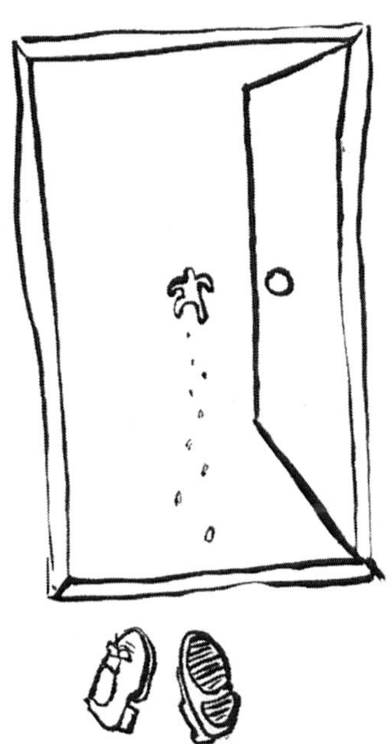

나는 내가 누군지는 몰라도

온종일 밤

너를 볼 수 있다면

가능성이라도 있다면

온종일 밤이라도 좋았다

너를 찾을 수 있다면

나의 인생은

한없이 어두워져도 괜찮았다

좋은 일

좋은 일이 닥칠 거야

행복한 일이 터질 거야

예고도 없이

피할 새도 없이

갑자기

하필 나에게

일어날 거야

모든 나쁜 일들이 그렇게 일어났듯이

좋은 일이 닥칠 거야
행복한 일이 터질 거야
예고도 없이
피할 새도 없이
갑자기
하필 나에게
일어날거야

모든 나쁜 일들이 그렇게 일어났듯이

나비야

나는 내가 꽃인 줄 몰랐다
나도 꽃을 사랑했기에

누군가가 나를
꽃이라 불러주자
그제야 나는
내가 꽃인 줄
알 수 있었다

나를 꽃이라 불러줘서 고맙다
나비야

나는 꽃도 좋고
나비도 좋고
너도 좋다

씨앗의 할 일은 없다

떨어지고 구르고 뒹굴고

깊은 나락으로 떨어져

파묻힐 때까지도

씨앗의 할 일은 없다

그저

나이기만 하면

되는 것이다

언제 비가 올지

언제 따뜻해질지

한없이 기다려야 할지라도

씨앗의 할 일은 없다

그저

살아있기만 하면

되는 것이다

어떤 것이 피어날지

나의 이름은 무엇인지

아무것도 찾을 필요가 없다

우리는 씨앗처럼

존재로서

할 일을 한 것이다

씨앗의 할 일은 없다

그저
나이기만 하면
되는 것이다

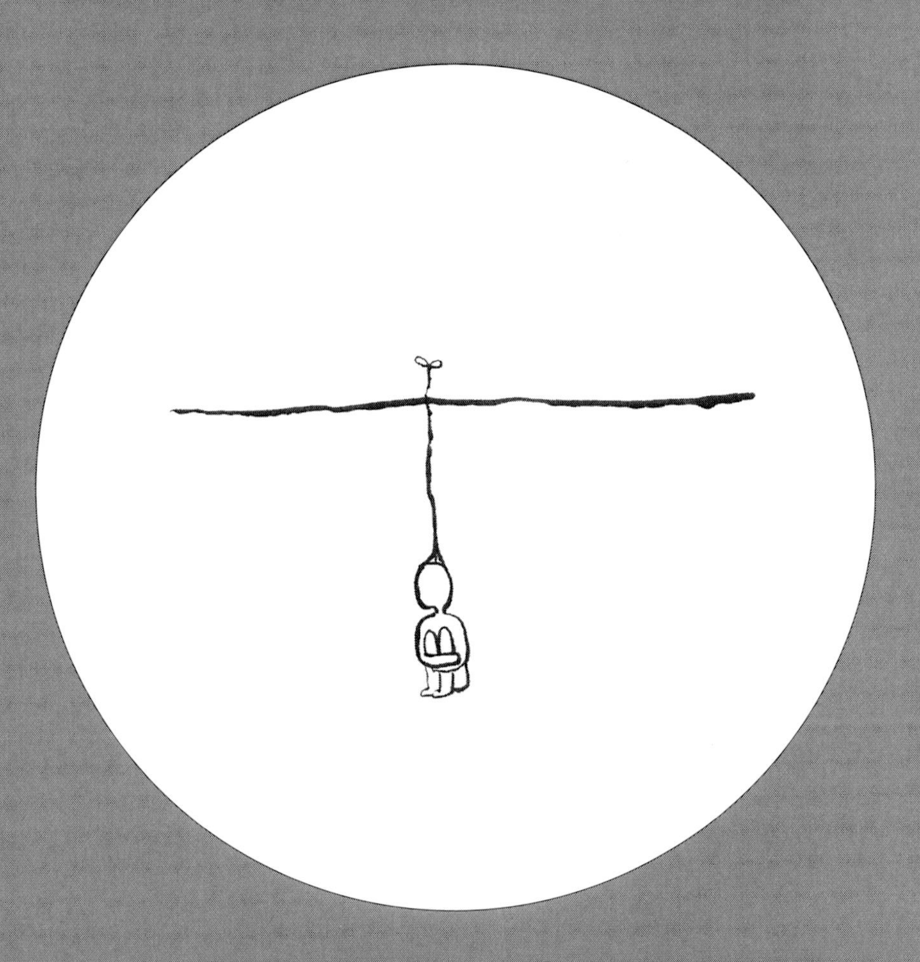

그리움

나는 미래가 그립다

너와 만나게 될 미래

너와 함께 할 미래

정말 만나고 싶다면

오지 않을 과거를 그리워하는 것보다

이미 일어난 미래를 그리워하는 것이

맞다

갑자기 나타난 너처럼

내 삶에 일어날 일들을

그리워하는 것이

옳다

- 4부. 겨울 -

햇님

105

햇님 없이는 살 수 있어도

그대 없이는 난 살 수 없어

새 코트

올겨울은

새 코트가 날 감싸줄 거야

매장에 가지 않아도

입을 수 있어

나를 따뜻하게 만들어주는 건

코트를 챙겨 입으려는

내 마음이니까

춥지 않게

밖에 나가자

감기에 걸리지 않고

겨울을 나자

자연의 적막

이미 함께라서 부르지 않고

이미 하나라서 찾지 않는

자연의 적막을 들어본다

그 안에 내가 있고

그 안에 너도 있다

부르지 않아도 봄은 오고

찾지 않아도 가을이 오듯

기다리지 않아도 오는 것이다

오지 않아도 만난 것이다

사랑도 그러하다

한 칸 한 칸

한 칸 한 칸

똑같아 보이는

계단을 오른다

같은 높이었던 적이

한 번도 없었음에도

너를 향해 올라가는 길은

같은 하루를 수천 번

반복하는 것만큼이나 지겹다

한 칸 한 칸

오늘도 똑같아 보이는 하루를

딛는다

어느 순간 갑자기

이 모든 반복이 끝날 때까지

힘내 올라섰던

그 날수만큼 정확히 높아진 층에서

갑자기 평지가 나오고

네가 보일 때까지

앵무새

수 천만 번을 듣고

또 들은 후에야

"사랑해"라는 한 마디 할 수 있는

나는 앵무새

내가 배운 말은 그것뿐

내가 하고 싶은 말도 그것뿐

평생, 너에게

기뻐도

"사랑해"

화가 나도

"사랑해"

오늘도 나는 너를

"사랑해"

사랑해 사랑해 사랑해 사랑
해 사랑해 사랑해 사랑해 사
랑해 사랑해 사랑해 사랑해
사랑해 사랑해 사랑해 사랑
해 사랑해 사랑해 사랑해 사
랑해 사랑해 사랑해 사랑해
사랑해 사랑해 사랑해 사랑
해 사랑해 사랑해 사랑해 사
랑해 사랑해 사랑해 사랑해
사랑해 사랑해 사랑해 사랑
해 사랑해 사랑해 사랑해 사
랑해 사랑해 사랑해 사랑해
사랑해 사랑해 사랑해 사랑해

상처받는다 해도
나는 너를
덜 사랑하진 않을래

상처가 깊으면
그 흉터도 오래오래
볼 수 있을테니.

상처받는다 해도

상처받는다 해도

나는 너를

덜 사랑하진 않을래

상처가 깊으면

그 흉터도 오래오래

볼 수 있을 테니

사랑

핑계 대지 않는 것

변명하지 않는 것

널 위해서라는 바보 같은 이유로

널 두고 도망가지 않는 것

어떤 일이 생긴다 해도

같이 가는 것

너를 고스란히

책임지는 것

같이 그렇게

하나뿐인 인생을

망치는 것

그러면

새로운 길이

나타나는 것

No matter

what

happends

내가 준 꽃다발

내가 준 꽃다발을

짓밟는다 해도

나는 너를 사랑하겠다

내가 밟히는 듯

아프겠지만

으스러지지 않을 것이다

너는 너의 선택을 하고

나는 나의 선택을 한다

너를 사랑한다는 것은

너를 사랑한다는 것이다

너의 반응이 아닌

오직 너 자체를

으 스러지지 않을 것이다

너는 너의 선택을 하고

나는 나의 선택을 한다

꽃이 아닌 시간

고통을 자세히 볼 수 있다면
그건 거름임을 알 수 있을 거야

행복을 자세히 볼 수 있다면
고통은 단지 거름임을 알 수 있을 거야

그러니 힘들 때 너무 힘들지 말고
꽃 필 때 너무 기뻐하지도 말자

뿌리 줄기 잎 꽃 거름
뿌리 줄기 잎 꽃 거름

그 어느 때도
꽃이 아닌 시간은 없는 거야

세상은 꽃만을 좋아해

언제나 꽃을 향해

만물이 나아가는 냥 떠들어도

뿌리 줄기 잎 꽃 거름

끝없이 변화할 뿐

사실 시간이란 없는 거야

방향이란 없는 거야

그래서 그 어느 때도

꽃이 아닌 시간은 없는 거야

학교

커서도 선생님이 되고 싶을 만큼
나는 학교가 좋았다

모든 것이 정해져있는 규율들
자로 재놓은 시간들
그 틈 사이사이를 누비는
자유가 좋아서
그 틈 사이사이를 넘치게
너와 속삭이는 게 좋아서

나는
날 가두는 철장이 참 좋았다

진정한 자유를 찾는다면
우린 자유마저 빼앗 길거야

봐

나는 이제 출소되어

자유라는 세상에 갇혔는데

너는 없잖아

너도 멀리 달아나 버렸잖아

그래서 나는

좋아할 것 없는 학교가

그렇게 좋았나 보다

너와 나를 적당히

매일 가둬 놓을 수 있어서

답

답이 뭘까라는 생각만 한다

내가 답이 될 생각은 안 하고

답이 뭘까라는 생각만 한다

답이 뭘까 라는 생각만 한다.

내가 답이 될 생각은 안하고.

못된 영웅

널 사랑하기만 하면 되는데

그렇게 내가 네 옆에

살아있기만 하면 되는데

자꾸만

잘 살고 싶어진다

그게 문제다

널 사랑하기만 하면 되는데

그렇게 내가 주기만 하면 되는데

널 내 옆에 가두고 싶다

영원이라는 이름으로 꽁꽁

묶어버리고 싶다

그게 문제다

사랑은 나를

자꾸만 악당으로 만든다

그래서 나는

널 사랑하고 싶고

사랑하고 싶지가 않다

살고 싶으면서

살고 싶지가 않다

네가 없는 삶은

이도 저도 아니기에

나는 지금

이러지도 저러지도 못한 채

다가갈까 말까

사랑할까 말까

스스로가 주는

갈등의 형벌과

속죄의 옥살이를 하고 있다

영웅이 되지 못할 바에

악당이라도 되고 싶은 걸까

기쁨을 줄 수 없을 바에

상처라도 남기고 싶은 걸까

못난 나의 마음을

가만히 지켜본다

이것 또한 사랑일까

묵상해 본다

내가 나를 용서하고

내가 나를 구원해 줄 때까지

나는 너를 구원할 수가 없다

나는 너를 사랑할 수가 없다

나는 아직

못된 영웅이다

눈

미지근했더라면

눈물처럼 떨어졌을

빗방울이

별 가루가 되어 내린다

시린 인생일수록

아름답다

단단해진 너와 나는

겨울은 하늘에서

기쁨의 눈물이 내리는 계절이다

우리의 사랑을 축복하는

하얀 반짝이가

내리는 계절이다

죽어도 좋을 만큼

어제와 똑같은 일상을 살았지만

오늘은 죽어도 좋을 만큼 행복했다

오늘 죽지 않은 것이 슬플 만큼

하지만 그럼에도 삶이 계속되는 건

이보다도 좋은 하루가 또 있기 때문일 거야

blooming season

시집 전문 출판사 시작 시집 01

開花期 개화기

초판 1쇄   2023년 6월

글 그림 송 다정
편집   송 다정
검수   Rachel Raiford

펴낸곳   시작

이메일   song_dajeong@naver.com
ISBN   979 - 11 - 983015 - 0 - 5